BEI GRIN MACHT SICH IHR WISSEN BEZAHLT

- Wir veröffentlichen Ihre Hausarbeit,
  Bachelor- und Masterarbeit

- Ihr eigenes eBook und Buch -
  weltweit in allen wichtigen Shops

- Verdienen Sie an jedem Verkauf

Jetzt bei www.GRIN.com hochladen
und kostenlos publizieren

Yvonne Finken

Philosophische Anthropologie in der Neuzeit

GRIN Verlag

Bibliografische Information der Deutschen Nationalbibliothek:

Die Deutsche Bibliothek verzeichnet diese Publikation in der Deutschen National-
bibliografie; detaillierte bibliografische Daten sind im Internet über http://dnb.d-
nb.de/ abrufbar.

Impressum:

Copyright © 2009 GRIN Verlag GmbH
Druck und Bindung: Books on Demand GmbH, Norderstedt Germany
ISBN: 978-3-640-36916-4

Dieses Buch bei GRIN:

http://www.grin.com/de/e-book/130021/philosophische-anthropologie-in-der-neuzeit

GRIN - Your knowledge has value

Der GRIN Verlag publiziert seit 1998 wissenschaftliche Arbeiten von Studenten, Hochschullehrern und anderen Akademikern als eBook und gedrucktes Buch. Die Verlagswebsite www.grin.com ist die ideale Plattform zur Veröffentlichung von Hausarbeiten, Abschlussarbeiten, wissenschaftlichen Aufsätzen, Dissertationen und Fachbüchern.

Besuchen Sie uns im Internet:

http://www.grin.com/

http://www.facebook.com/grincom

http://www.twitter.com/grin_com

Philosophische Anthropologie in der Neuzeit

-Referatsausarbeitung-

Universität Duisburg-Essen, Campus Essen
Fachbereich: Geisteswissenschaften (Ev. Theologie)
Seminar: Theologische Anthropologie
Wintersemester 2008/2009

Verfasser: Yvonne Finken

Inhalt

1. Einleitung

Diese Ausarbeitung konzentriert sich auf den Beitrag zur Entwicklung der philosophischen Anthropologie vier wichtiger Philosophen. Zu Beginn der Neuzeit, in der Renaissance wird erstmals auch auf den Menschen an sich geschaut. Nicht mehr nur auf das Übermenschliche, Göttliche. Die Aufgabe und Stellung des Menschen in der Welt wird durch den Abschnitt über Pico della Mirandola erläutert. Nach einer Pause von ca 250 Jahren bringt Alexander Pope ähnliche Fragen ans Licht, verfasst Antworten in seinem "Essay on man", welchem das folgende, dritte Kapitel gewidmet ist. Durch Kant entsteht eine ganz neue, bisher unbekannte Epoche der Anthropologie. Es wurde übergegangen vom "leichten" Blick auf den Menschen als handelndes Wesen zum Menschen als moralisch frei handelndes, vernunftbegabtes Wesen. Das Reich Gottes wird als Alleinherrschaft des reinen Religions-/Vernunftglaubens angesehen, der den Kirchenglauben (historischer Glaube) vollständig verdrängt hat. Abschließend folgt ein Kapitel zum Naturalismus in Ausführung anhand Ludwig Feuerbachs Philosophie, welche Gottes Eigenschaften als eigentlich menschliche, nur auf Gott projizierte Eigenschaften sieht.

2. Naturauffassungen in der Renaissance – Beginn der Neuzeit

Die Anthropologie der Neuzeit beginnt durch den Bruch der ausschließlichen Transzendenzgerichtetheit während der Renaissance (ca. 15.-16.Jahrhundert). Es herrscht eine humanistische Naturauffassung vor. Gianozzo Manetti (1396-1459) führt in seinem Werk „Über die Würde und Erhabenheit des Menschen" die wichtigste und verbreitetste Sicht auf den Menschen und die göttliche Schöpfung zu Beginn der Renaissance an:

Die von Gott unvollkommen geschaffene Welt soll durch den Menschen und vom Menschen durch Häuser, Städte usw. verschönert und somit zur endgültigen Vollkommenheit geführt werden. Der Mensch ist auch Schöpfer, er ist ein Mitarbeiter Gottes. Die menschliche Weisheit ist die Fähigkeit nach der Ordnung von Gottes Schöpfung zu handeln[1].

2.1 Pico della Mirandola - „De hominis dignitate"[2]

Das erste für lange Zeit sehr bedeutende Werk der philosophischen Anthropologie wurde 1486 von Pico della Mirandola unter dem Titel „De hominis dignitate" (lat.: Über die Würde des Menschen) veröffentlicht. Laut Mirandola schuf Gott die Welt zuerst mit Engeln, Tieren und Pflanzen, doch zuletzt „wünschte der Baumeister, es möge jemand da sein, der die Vernunft eines so hohen Werkes nachdenklich erwäge, seine Schönheit liebe, seine Größe bewundere (S.9)." Nun hatte er aber alle Schätze verteilt, alle Plätze des Weltkreises waren belegt, doch es wäre unangemessen gewesen, hätte er bei der letzten Schöpfung versagt, als wären seine Kräfte verbraucht. Es wäre unangemessen, müsste der zukünftige Bewunderer des großen Ganzen die „göttliche

---

1   Lotha Schäfer, Elisabeth Ströker (Hrsg.), Naturauffassungen in Philosophie, Wissenschaft, Technik, S. 27-30
2   Der gesamte Abschnitt bezieht sich auf: Pico della Mirandola, Giovanni, Über die Würde des Menschen.

Freigebigkeit (S.10)" bei allen anderen Geschöpfen loben und bei sich selbst verdammen. Also schuf Gott etwas, das jenes als „Gemeinbesitz [haben sollte, welches] den Einzelwesen ein Eigenbesitz war (S.10)."

Der Mensch bekam keinen bestimmten Wohnsitz, keine besondere Gabe. Er solle nach freiem Willen die eigene Lebenswelt durch Geschick gestalten. Ihm steht es frei, in die „Unterwelt des Viehes zu entarten [oder sich] in die höhere Welt des Göttlichen [...] zu erheben (S.11)."

Dies sei nach Mirandola „die höchste Freigebigkeit [des] Gottvaters und das höchste Glück des Menschen (S.10)". Im Menschen liegen die „Samen aller Möglichkeiten und die Lebenskeime jeder Art (S.11)."

Pflegt er nur die des Wachsens, wird er nicht mehr als eine Pflanze werden, pflegt er nur die sinnlichen Keime, wird er stumpf wie ein Tier. Bei der ausschließlichen Pflege der rationalen, wird er zum himmlischen Wesen und bei der Pflege der intellektualen wird der Mensch ein Engel und Gottes Sohn. Der Mensch ist also die bewundernswerteste Schöpfung Gottes. Er hat einen freien Willen, ist geschickt und hat somit als einziges Wesen die Möglichkeit zur Gestaltung der eigenen Lebenswelt.

Nach Mirandola wurde die Welt nicht unvollkommen geschaffen, der Mensch ist nicht als „Mitarbeiter"(vgl. Manetti) Gottes geschaffen worden. Er kann zwar seine Lebenswelt nach eigenem Belieben gestalten, doch ist es nicht seine Aufgabe. Er ist lediglich Beobachter der wunderbaren Schöpfung Gottes, um ihre Schönheit zu erkennen und ihre Größe zu bewundern.

3. Alexander Pope - „Der Mensch ist dem Menschen das Interessanteste"[3]

Das nächste wichtige Werk der philosophischen Anthropologie erschien erst ca. 250 Jahre später (1733) von Alexander Pope. Dieser hatte sich zuvor bei Dichtern unbeliebt gemacht. Mit seinem neuen Werk brachte er nun auch die Christen gegen sich auf. Aus diesem Grund veröffentlichte er sein "Essay on man" zunächst anonym und bei einem anderen Verlag, als seine bisherigen Schriften. So kam es, dass einige seiner stärksten Gegner (z.B. Leonard Welsted, Bezaleel Morrice) das Werk in höchsten Tönen lobten, ehe sie erfuhren, wer der Verfasser war. Nach der Enttarnung konnten jene sich ohne Gesichtsverlust nicht mehr von ihrer ursprünglichen Ansicht distanzieren. So wurde das "Essay on Man" international berühmt. Pope -der ein Lieblingsdichter Kants war- greift darin auch viele Gedanken Pascals auf.

Das englische Lehrgedicht besteht aus 4 Briefen, welche in der deutschen Übersetzung die folgenden Titel tragen:

Brief I: Von der Natur und Stellung des Menschen im Verhältnis zum Universum

Brief II: Erörterung über die Natur und Stellung des Menschen hinsichtlich seiner selbst als Individuum

Brief III: Erörterung der Natur und Stellung des Menschen in Bezug auf die Gesellschaft

Brief IV: Erörterung der Natur und Stellung des Menschen hinsichtlich des Glücks.

---

3 Dieser Abschnitt bezieht sich auf: Pope, Alexander, Vom Menschen - Essay on Man, Breidert (Hrsg.)

Um Popes Sicht auf den Menschen näher darzustellen, werden im Folgenden einige Merkmale des Menschen aus dem "Essay on Man" herausgearbeitet.

Zu Beginn des ersten Briefes widerspricht Pope der damaligen, allgemeinen Ansicht, der Mensch sei der Herrscher der Welt. Er behauptet, der Mensch sei Sklave Gottes.

Der Mensch solle die Zukunftsblindheit als Gabe sehen, denn würde er mehr erkennen, würde er unglücklich. Würde ein Pferd bspw. erkennen, warum wir es antreiben und zügeln, würde es sich wehren oder wäre unglücklich. Die Natur ist unvollkommen, wie der Mensch und das Tier auch. Aber die allgemeine Ordnung bleibt, was immer geschieht, erhalten.

Menschen wünschen sich selber immer intelligenter oder gar Engel zu sein, transzendente Fähigkeiten zu besitzen, vollkommener zu sein, während Tiere uns weiterhin "dumm" dienen sollen, dabei ist die vorhandene Ausgeglichenheit nach Pope optimal. Jedes Wesen hat seinen bestimmten Platz, so hat Gott alles passend geschaffen. Die Natur ist eine Kunst, die der Mensch nicht kennt. Alles hat nach Gott seinen Grund, den wir nicht erkennen können. Wir nennen es "unsichtbare Fügung" oder "Zufall". Doch **"was immer ist, ist recht! (Brief I, V.294)"**

Im zweiten Abschnitt des zweiten Briefes erläutert Pope die Arbeitsweisen von Eigenliebe und Vernunft. Beide beherrschen den Menschen, sie streben danach den Schmerz klein zu halten, die Lust dagegen groß. Doch die Versuchung übertrifft jedes Argument, also ist die Eigenliebe stärker als die Vernunft. Ohne Eigenliebe wäre der Mensch inaktiv, ohne Vernunft liefe das Leben aus dem Ruder.

Außerdem solle der Mensch nicht Gottes Kraft sondern den Menschen selber erforschen. **"Weise ist Gott, auch wenn der Mensch ein Narr. (Brief II, V.294)"**

Der dritte Brief verdeutlicht, wie Pope das Individuum in der Gesellschaft und die Zweisamkeit von Menschen sah. Im ersten Teil heißt es, die Welt wurde nicht für den Menschen geschaffen. Nichts ist ausschließlich für sich selbst gemacht noch ausschließlich für einen anderen. Gott wirkt zum Wohl aller Geschöpfe. Doch dient der eine dem andern, und dieser einem dritten. Pope erklärt das Verhältnis der Wesen untereinander wie das, innerhalb einer Kette, welche niederes und höheres zusammenhält (Interdependenz).

Im dritten Teil geht er auf die Bindung von zwei Menschen ein. Menschen, sowie Tiere, finden sich je zu zweit zusammen, um Nachwuchs zu zeugen. Während die Tiere sofort auf weitere Partnersuche gehen, schließen die Menschen sich für "längere Zeit (Brief III, V.132)" zu zweit zusammen, wodurch Gewohnheit entsteht. Auch werden sie vom Nachwuchs gepflegt, sobald sie alt sind. Dies alles geschieht durch den Instinkt.

Durch den vierten Brief soll der Leser über das Rätsel des Glücks aufgeklärt werden. Er wird gelehrt, Glück ist nicht äußerlich. In Gottes Ordnung muss mancher höher stehen als der Rest, in Dingen wie z.B. Reichtum oder Weisheit. Doch das macht Glück nicht aus. Alle sind von Gott gleich mit Glück versorgt, auch wenn es manchmal nicht so scheint. **"Falls Bösen jeder Glückswunsch wird erfüllt, der eine nicht: dass gar als Gut man gilt.** (Brief IV, V.91 f.)"

Zum Schluss wird erklärt, dass Gott kein Übel auf die Welt schickt oder geschickt hat. Insgesamt ist die Welt gut, nur "partiell schlecht". Der Mensch ist nicht Mittelpunkt Gottes Handeln: Er ändert nicht die allgemeinen, ewigen Gesetze zugunsten eines Favoriten dieser Welt. **"Wenn lockeres Gestein droht von der Höh', soll Schwerkraft aufhörn dann in deiner Näh'?** (Brief IV, V.127 f.)"

4. Immanuel Kant - Eine neue Epoche der Anthropologie

Ca. 60 Jahre nach Popes Veröffentlichung von "Essay on man" bekam die philosophische Anthropologie durch Kant neuen Auftrieb (ab 1793). Dieser stellte sich die drei Fragen der Erkenntnislehre, Ethik und der Theologie (in dieser Reihenfolge):

Was kann ich wissen?

Was soll ich tun?

Was darf ich hoffen?

Zusammengefasst ergibt sich die Frage: Was ist der Mensch?

Im Folgenden[4] sei näher auf die letzteren beiden Fragen eingegangen.

Laut Kant nehmen wir als wesentliches der Religion an, dass Gott der allgemeine Gesetzgeber unserer Pflichten ist. Nun stellt sich die Frage: Was sind unsere Pflichten? Wie erfahren wir, was unsere Pflichten sind?

Zuerst unterscheidet Kant jene Pflichten in einerseits die moralischen und andererseits die statutarischen:

Die von Gott gestellten moralischen Pflichten können Menschen durch reine Vernunft erkennen, nicht durch Gott selber. Die Vernunft stellt dem Menschen frei, eine moralische Persönlichkeit aus sich zu machen.

Die statutarischen Pflichten der Menschen sind nur durch Offenbarung Gottes erkennbar. Daher müssen wir uns auf historische, überlieferte Traditionen und Schriften stützen.

Den auf Offenbarung gestützten Glauben nennt Kant historischen Glauben bzw. Kirchenglauben. Im Gegensatz dazu steht der reine Religionsglaube bzw. Glaube durch Vernunft. Die Vernunft ist geprägt durch eine Anlage zur moralischen Religion.

Nun besteht Gottes Wille darin, dass die Menschen die Vernunftidee in einem gemeinen moralischen Wesen ausführen. Die heilige Schrift dient der Lehre, der Strafe, sowie der moralischen Besserung, wobei letztere der eigentliche Zweck einer Vernunftreligion ist.

Die Kirchenreligion vereinigt die Menschen provisorisch zur Beförderung des Guten. Die moralische Anlage muss allmählich von Statuten befreit werden, damit zuletzt die reine

---

4 Kant, Die Religion innerhalb der Grenzen der bloßen Vernunft: 1.Vorrede, Drittes Stück.

Vernunftreligion über alle herrsche. Dies ist die langsame Annäherung ans Ziel, das Reich Gottes. Der Glaube an eine gottesdienstliche Religion ist ein Fron- bzw. Lohnglaube, welcher nicht seligmachend ist, da er nicht moralisch ist. Sie besteht aus Handlungen, die aus Furcht oder Hoffnung ausgeführt werden und, die auch jeder Böse ausüben kann. Diese Handlungen zeugen also nicht zwangsläufig von einer moralisch guten Lebensführung. Seligmachender Glaube setzt diese moralisch gute Gesinnung als notwendig voraus, um so Gott wohlgefällig zu werden. Die Besserung des moralischen Lebens ist die oberste Maxime.

Seit Kant blieb die Anthropologie immer Bestandteil der Philosophie. Sie wurde unter Anderem fortgesetzt von Schulze, Fries und Lotze, welcher den "Mikrokosmos" veröffentlichte. Dieses Werk war jahrzehntelang ein Muss im Bücherregal der gebildeten Gesellschaften.

5.Naturalismus

Beim Naturalismus (ab dem 17.Jh.) herrscht der Wille vor, sich von übernatürlichen Existenzen im religiösen Bereich abzugrenzen. Spätestens in 19.Jh. ist man sich einig darüber, dass die Naturwissenschaften "das Maß aller Dinge" sind (Sellars, Wilfrid). Es wurde also jedem "Phänomen" widersprochen, welches sich nicht durch den aktuellen Stand der Naturwissenschaften erklären ließ. Daraus entstand aber auch die Möglichkeit, religiöse "Phänomene" wissenschaftlich zu erforschen. So erklärt L. Feuerbach religiöse "Phänomene" psychologisch als Projektionen vom Menschen auf Gott.

5.1 Ludwig Feuerbach - Anthropologie als Zentrum der Philosophie

Es wird vermutet, dass Ludwig Feuerbach seine wichtigsten Texte zum Thema der philosophischen Anthropologie ("Übergang von der Philosophie zur Theologie", "Grundsätze der Philosophie. Notwendigkeit einer Veränderung.") zwischen 1840 und 1843 schrieb. Feste Daten sind nicht bekannt. Der folgende Abschnitt bezieht sich ausschließlich auf oben genannte Auszüge aus dem Sammelwerk "Entwürfe zu einer Neuen Philosophie".[5]

In dem ersten Teil "Übergang von der Philosophie zur Theologie" stellt Feuerbach im Allgemeinen fest, dass die Religion nicht mehr Mittelpunkt des menschlichen Lebens ist und die Menschen mehr und mehr dem Atheismus verfallen. Die Religion bzw. das religiöse Leben ist nicht mehr länger die "allesdurchdringende, allgemeine, wesenhafte Angelegenheit", sondern nur eine -zwar besondere- aber eine, neben der noch viele andere wesentliche und auch wesentlichere bestehen. Gott wird zur Nebensache. Das weltliche Wesen wird zum wahren, wesentlichen Wesen. Dem Atheismus wird Platz geschaffen, indem anderen Dingen außer Gott eine Existenz zugesprochen wird. Diese müsste jenen anderen Dingen aber abgesprochen werden, damit Gott weiter eine Existenz haben kann, denn ihn kann man nur ausschließlich huldigen. Eine andere Möglichkeit für die Existenz Gottes gibt es nicht.[6]

---

5 Feuerbach, Ludwig, Entwürfe zu einer Neuen Philosophie
6 S. 105f.

Nun folgt der Abschnitt "Grundsätze der Philosophie. Notwendigkeit einer Veränderung."[7]

Feuerbach erläutert mehr die damals aktuelle Situation des religiösen Lebens und jene Gründe für eine schon begonnene Veränderung, als dass er die Notwendigkeit für eine Veränderung erklärt. Er bemerkt, die Perioden der Menschheit unterscheiden sich ausschließlich durch religiöse Veränderungen. Inzwischen (also damals) ist das Christentum bereits negiert. Dies behauptet er sogar von jenen, die das Christentum noch -scheinbar- festhalten. Sie wollen es nur nicht laut werden lassen, öffentlich machen, öffentlich zeigen. Sie geben das eigentlich abgelehnte bzw. nahezu ausgelöschte Christentum als Christentum aus, was es nur noch zu einem Namen verkommen lässt. Doch das Christentum ist längst in Geist, Herz, Wissenschaft, Kunst rettungslos und unwiderruflich negiert, "weil die Menschen das Wahre, das positiv Menschliche, das Antitheologische in sich, sich angeeignet haben, sodass dem Christentum alle Oppositionskraft genommen ist." Die Negation fand erst unbewusst, jetzt bzw. bald aber bewusst statt, sie wird gewollt und direkt angestrebt, je mehr die Menschen ihren wesentlichen Trieb der politischen Freiheit erkennen. Damit beginnt eine neue Zeit: Eine neue, unchristliche Philosophie. Die Philosophie tritt an die Stelle der Religion. An die Stelle des Glaubens ist bereits der Unglaube getreten, an die Stelle der Bibel die Vernunft, der Religion und Kirche die Politik, an die Stelle des Gebets die Arbeit, Angst vor der materiellen Not ersetzt jene vor der Hölle, der Christ ist für sich selbst Mensch geworden.[8] Für die Menschen (die Menschen des 19. Jahrhunderts) existiert bereits kein höheres Wesen mehr, als der Mensch selber. Durch "leere Einbildung" eines Gottes wollen sie sich diese Vorstellung nicht nehmen lassen. Gottes Eigenschaften werden nun primär als menschliche Eigenschaften angesehen, die vom Menschen bisher nur auf Gott projiziert wurden. Nicht Gott hat den Menschen gemacht, sondern der Mensch hat sich selber gemacht, zu dem, was er jetzt ist, mit seinem Entwicklungsstand und seiner Kultur.

Ab S. 125 erklärt Feuerbach die Gründe für die Entstehung des Staates. Seiner Theorie zufolge entstand der Staat -subjektiv gesehen- weil die Menschen an keinen Gott glauben und ihren Glauben negieren. Nicht der Glaube an Gott hat die Staaten gegründet, sondern die Verzweiflung an diesem hat die Staaten gegründet. Der Glaube des Menschen an sich als Gott der Menschen rückt in den Vordergrund. Das Christentum war eine unpolitisch-politische Gemeinschaft/ Vereinigung der Menschen zu ihrem inneren und äußeren Wohl durch Gütergemeinschaft, Freiwilligkeit, gegenseitige Unterstützung und Bruderliebe. Die selben Funktionen erfüllt auch die Politik. Die Religion ist nur die Vorstellung von dem, was der Mensch im Leben tun will und soll -der oberste Vor- und Grundsatz des gemeinsamen Lebens in einem politischen Staat. Gott ist das Ideal, was der Mensch realisieren soll und realisieren will.

Der Unglaube wird bald allgemeine Macht und dann religiöse Autorität werden. Die Menschen katapultieren sich in die Politik, weil sie das Christentum bereits als eine den Menschen um seine politische Energie bringende Religion und Lebensweise erkannt haben. Die Teilnahme der Menschen an der Politik, ist nun ein Beweis, dass die Religion aufgehört hat und negiert ist, oder,

---

7 S. 119-135
8 S. 123

dass sie sich realisiert hat. "Denn so sehr sich die christliche Religion entfernt hat von der Politik, so ist doch die christliche Religion auch [als] die *ideale antizipierte religiöse Vorstellung* eines politisch sich realisierenden Gemeinwesens anzusehen." Der eigentliche, ursprüngliche Zweck, die Bestimmung der Religion ist damit erreicht, indem die ehemalige religiöse Begeisterung zur Begeisterung für die Politik geworden ist.

Der Geist der Zeit oder Zukunft ist der des Realismus. Aus der Religion wird Politik, sie wird ersetzt und ausgelöscht. Das allgemeine Prinzip der Religion ist der Glaube an den Menschen, als die höchste und letzte Bestimmung des Menschen und ein diesem Glauben entsprechendes Leben des Menschen, mit dem Menschen.

6. Schluss

Die Entwicklung der Vorstellungen über die Aufgabe des Menschen in der Welt hat sich in der Neuzeit gravierend verändert. Erstmals wurde der Mensch als aktiv handelndes Wesen gesehen, es wurde auch über ihn nachgedacht, nicht mehr nur an Gott bzw. über Gott. Danach erkannte man sogar, dass der Mensch vernunftbegabt und freihandelnd ist. Diese Vorstellungen änderten das Leben natürlich dramatisch. Es bestand also die Möglichkeit "für sich" zu leben und nicht mehr ausschließlich für sein Leben nach dem Tod oder um Gott wohlgefällig zu werden. Der Mensch hatte eine eigene Moral, die durch Vernunft erkennbar ist und nicht nur durch Gott. Zwar entsprach sie Gottes Moralvorstellungen, war aber nicht von ihm angenommen, sondern durch den freie Vernunft des Individuums selber. Feuerbachs naturalistische Auffassung der Aufgabe des Menschen besteht darin, das Ziel Gottes zu erreichen, indem wir uns unserer "Hülle" entledigen und selber, am Ideal Gottes orientiert, ein gemeinsames moralisches und politisches System gründen und Staaten gründen. Für ihn ist der Atheismus sogar die Zukunft. Politik tritt an die Stelle der Religion.

Bei der erarbeitung dieses Referats las ich unter Anderem das "Essay on man" von Alexander Pope in der deutschen Übersetzung. Es hat mir wirklich Spaß gemacht, diese teilweise amüsant gesprochene Dichtung zu lesen und zu erkennen, wie weit Pope schon vor fast 300 Jahren dachte. Trotzdem sind Teile des Werks nicht mehr mit der heutigen Naturwissenschaft zu vereinigen, wie z.B. die Zweisamkeit von Mensch und Tier. Auch Tiere finden sich für ein gemeinsames Leben zusammen. Schwäne z.B. verbringen ihr gesamtes Leben zu zweit. Außerdem ist die Frage, ob wir uns ausschließlich durch Instinkt zusammenfinden, fortpflanzen, usw. heute sicherlich anders beantwortbar.

Weiterihin faszinierte mich Ludwig Feuerbachs Auffassung. Ich finde es kaum vorstellbar, dass vor 250 Jahren schon das Christentum als "negiert" zu bezeichnen war, wo es in meinen Augen auch heute nichtmal ansatzweise vertretbar scheint, so etwas zu behaupten. Außerdem finde ich seine Theorie, Religion würde durch Politik ersetzt werden, wenig durchdacht. Zwar möge sich die Politik an unzählbar vielen Werten und Gesetzen der Religion orientieren, doch gibt die Religion dem Menschen weitaus mehr als Werte und Gesetze.

Am schwierigsten fiel es mir, den Abschnitt über Kant zu verfassen, da ich lange kein geeignetes Material fand. Natürlich ließen sich in sämtlichen Quellen einzelne, brauchbare Sätze finden, doch konnte ich daraus nicht die Aufgabe und Stellung des Menschen in der Welt ableiten. Wie sieht Kant den Menschen in Bezug auf Gott? Wie sieht Kant Gott überhaupt? In welcher Verbindung stehen Kants Vernunftgedanke, der freie Wille und die Religion? Letztendlich fand ich eine sehr nützliche Quelle durch Zufall in dem Seminar "Klassische Texte der Religionskritik" bei Prof. Miggelbrink.

Die Arbeit am Teil zu Pico della Mirandola hat mich weniger überrascht, wobei ich sagen muss, dass ich mir anfangs unter dem Titel "Über die Würde des Menschen etwas anderes vorgestellt hatte.

Insgesamt fand ich die Ausarbeitung sehr belehrend. Das Thema finde ich überaus interessant , so hat es mir Spaß gemacht daran zu arbeiten. Und ich konnte mein neues Wissen sogar schon in anderen Seminaren einsetzen.

Bibliographie

Pope, Alexander/Breidert Wolfgang (Hrsg.), Vom Menschen - Essay on Man. Mit einer Einl. von Wolfgang Breidert. Hamburg, 1993.

Schäfer, Lothar/ Ströker, Elisabeth, Naturauffassungen in Philosophie, Wissenschaft, Technik. Band II, Renaissance und frühe Neuzeit. Freiburg, München 1994.

Pico della Mirandola, Giovanni/ Morus, Thomas, Über die Würde des Menschen. Mit einer Lebensbeschreibung Picos von Thomas Morus (1510).Zürich 1996.

Feuerbach, Ludwig/ Jaeschke, Walter (Hrsg.)/ Schuffenhauer, Werner (Hrsg.), Entwürfe zu einer Neuen Philosophie. Hamburg: Meiner (1996)

Kant, Immanuel, Die Religion innerhalb der Grenzen der bloßen Vernunft, (1793/94)